Dans la même collection :

Comptines en dialogues

Où est la poire ? Dans le pommier.

T'as mal au cœur ? Pauvre aspirateur.

Mon nez, mon nez ! Il est à vendre ?

Comptines méli-mélo

Un tutu pour monsieur Loyal

La folle école

Comptines jeux de mots

Au bout de mon râteau

Ma langue au tigre

Comptines virelangues

Cocottes et coqs coquets

www.albin-michel.fr
Loi 49956 du 16 juillet 1949
sur les publications destinées à la jeunesse
Dépôt légal : premier semestre 2002
N° d'édition : 12458 – ISBN : 2-226-12870-0
Imprimé en France par Pollina, 85400 Luçon, n°L85766-B

comptines virelangues

La hulotte à lunettes

Textes de Françoise Bobe
Illustrations de Delphine Durand

La hulotte à lunettes

La hulotte à lunettes
a une tête de linotte.
Elle essuie ses binocles,
oublie de les remettre !

La hulotte sans lunettes
s'envole à l'aveuglette
et elle croit que là-haut
la pleine lune clignote !

Qui donc dîne ?

Qui donc dîne
au donjon,
qui donc dîne
et badine ?

Allons donc
au donjon
voir qui dîne
en sourdine.

Dix dragons
au donjon
dînent près
d'un chaudron !

TCHOUF

Les nuages la nuit

Les nuages s'ennuient dans le noir.
Les nuages s'ennuient dans la nuit.

Quand la nuit n'est pas noire,
que font les nuages dès minuit ?

Ils jouent à saute-nuage
dans les prairies.
Et quand la nuit s'évanouit,
dans l'herbe on peut voir
des perles de nuages oubliées,
des perles de rosée.

Les petits soleils n'ont pas sommeil

Nul ne sait
que l'été dans les champs
la lune descend souvent
susurrer sa berceuse
aux petits soleils
qui n'ont pas sommeil.

Le tatou lit

Quand la lune luit
le tatou lit.

Mais chaque nuit
le tatou dit :
« J'ai déjà lu
ce livre au lit ! »

Quand tout à coup
la lune fuit
quelqu'un soupire :
« Il faut dormir ! »

Le vent voleur

« Je devine un voleur
derrière mes volets.
Maman, va vite voir
si le voleur a volé
mon vélo ! »

« Tu devines un voleur ?
Mais voyons,
ce voleur…
c'est le vent
vagabond. »

Une mouche un soir

Sur une souche moussue,
une mouche un soir
susurrait sa chanson.
Soudain apparaissent
les moustaches d'un chat.
La mouche se tut
et dans la mousse
se cacha.

Les gazouillis du groseillier

Toute la journée
le groseillier
n'est que
doux gazouillis.

Si le soir venu,
au fond du nid,
les oisillons
s'égosillent trop fort,
le groseillier
fait les gros yeux
... puis s'endort.

Alors la lune veille
sur les oisillons :
et la nuit,
plus de zizanie
dans le groseillier !

La lune sur le lac

La nuit bleuit,
les étoiles s'allument
et la lune s'arrondit
dans son halo de brume.

La lune flotte
à fleur d'eau
et le lac ruisselle
de pétales de lune.

Le hérisson harassé

Un hérisson
harassé
s'attabla
devant un plat
de hannetons
et s'attarda.

Le renard
qui rôdait
bondit et…
rebroussa chemin
le nez hérissé
de piquants acérés.

Le hérisson
attendit,
attendit…
Le hérisson
s'étira
et repartit.

La pipistrelle

Pattes au plafond,
la pipistrelle
déplie ses ailes.

Sonar au vent,
la pipistrelle
plonge vers le sol,
aussitôt survole
la cime des saules,
sillonne le ciel
et attrape en vol
noctuelles et lucioles.

Puis,
pattes au plafond,
la pipistrelle repue,
replie ses ailes.

Rêve de caribou

Le caribou rêve
d'un carrosse rose.

Le caribou rit
de ce rêve rose :
le carrosse est là
pour le caribou-roi !

Mais dans un cahot,
le carrosse craque…

Le carrosse a des bosses
et le caribou crie :
« mon beau carrosse rose,
mon bossicar de rêve… »

Le carillon sonne,
le caribou se lève :
adieu Caribosse
et carrosse de rêve…

Croissant de lune

Crois-tu
que le croissant
de lune
craque sous la dent ?
J'ai un petit creux
et je croquerais bien
dans ce craquelin doré !

Mon pyjama japonais

Jamais
je ne mets
mon pyjama
japonais
car mes jambes
gesticulent,
je deviens
somnambule.

J'enjambe
la baignoire,
j'affronte
des jaguars,
des tigres
et des dragons.
Et je me réveille
l'œil au beurre noir !

Le chagrin de chevêche

À la cime du chêne,
chevêche pleurniche :
« Qui a chapardé
mon beau chapeau-cloche ? »

Dans un grand chahut,
toutes les chouettes amies
cherchent et chuchotent.

C'est le chat-huant,
ce chenapan,
qui l'avait chipé !

Le bal des marcassins

« Que tu es laid
ainsi crotté !
Tu dois aller
vite te laver »,
déclare la laie
en mocassins.

Au grand bal
des marcassins,
Sieur Sanglier
bien toiletté
fit valser
la laie comblée.

Paméla à Pampelune

Près de Pampelune,
les soirs de pleine lune,
Paméla s'installe
sous le pin parasol.

Avec ses lunettes de lune
et son bikini corolle,
elle prend un bain de lune !

Tout a disjoncté !

Je grignotais
des cacahuètes
quand tout à coup
tout a disjoncté !

Dans le noir total
j'avance à tâtons...

Je heurte la table
et patatras,
les cacahuètes
sur le tapis.

Je longe l'étagère
et patatras,
livres et statuettes,
tout est par terre.

Je titube,
je m'entête,
je continue à tâtons
et je trouve enfin
le maudit bouton.
Lumière !

Au même instant
la porte d'entrée
claque et j'entends :
« Téo, qu'as-tu fait ? »

Je grignotais
des cacahuètes
quand tout à coup
tout a disjoncté…

Table des matières